DES PROVERBES
À LA CON

SUPER PETIT LIVRE DES PROVERBES À LA CON

Thomas Bisignani et Benoit Isaert

F1RST
ÉDITIONS

© Editions First, un département d'Edi8, Paris, 2017.

ISBN: 978-2-412-03077-6
Dépôt légal: novembre 2017
Imprimé en Italie

Mise en page et couverture: Olivier Frenot

Éditions First, un département d'Édi8
92, avenue de France
75013 Paris – France
Tél.: 01 44 16 09 00
Fax: 01 44 16 09 01
E-mail: firstinfo@efirst.com

Site Internet: www.editionsfirst.fr

Les petits
sont toujours
les derniers à savoir
quand il pleut.

Mieux vaut
tirer les rois que
de se faire tirer
par le roi.

Vaut mieux
partir en couille que
revenir à pied.

Ce n'est pas en
t'enfermant dans
ta coquille comme
une huître, que
tu deviendras
une perle.

Mieux vaut
être bon à rien que
mauvais en tout.

Si tu ne te sens
pas bien, c'est parce
que tu n'as pas
encore pété.

La virginité c'est
comme une mouche
sur le cul d'une vache,
un coup de queue
et ça s'en va.

L'amour c'est
comme le rugby,
ça commence par
une touche et ça finit
par un plaquage.

Tous
les champignons
sont comestibles,
mais certains,
une seule fois.

Quand le prix
de l'essence baisse,
c'est super.

Il ne faut pas
contredire une femme,
il vaut mieux attendre
qu'elle change d'avis.

Mieux vaut
être un mille-pattes
qu'un cul-de-jatte.

Une bière à la main
vaut mieux que
deux dans le frigo.

Un discours seul,
c'est un monologue,
à deux,
un dialogue,
à quatre,
un catalogue.

Mieux vaut
avoir Parkinson
qu'Alzheimer,
car il vaut mieux
renverser un peu
sa bière
que d'oublier
de la boire.

Si tu ne peux
pas regarder
la vérité en face,
regarde-la
de profil.

Si la tour de Pise
penche vers la gauche,
c'est qu'il va pleuvoir.
Si elle penche
vers la droite,
c'est que vous arrivez
par l'autre côté
de la rue.

Quand on a
des vices, on finit
sous les écrous.

Si l'amour
te tourne le dos,
touche-lui le cul.

Mieux vaut
une année sans tuile
qu'une année
sans toit.

Le sexe
c'est l'inverse
des maths,
plus c'est dur
et mieux
ça rentre.

Fais du bien
à un cochon,
il reviendra chier
sur ton perron.

Si tu as le nord
devant toi,
tu as le sudoku.

Si tu veux
devenir beau,
il faudra
boire du laid.

La vie
c'est comme le PQ,
soit c'est tout rose,
soit c'est plein
de merde !

Qui a pété
a le cul chaud.

Quand une femme
te pose une question,
tu n'as droit qu'à
une seule réponse :
celle qu'elle attend.

Mieux vaut
avoir l'air conditionné
que l'air stupide.

Si tu ne veux pas
te taper sur les doigts,
prends ton marteau
à deux mains.

Qui met la charrue
avant les bœufs
fait rire le tracteur.

À la différence
de l'homme,
le lézard
est capable
de sacrifier sa queue
pour sauver
sa vie.

Au royaume
des aveux,
les muets
sont rois.

Si tu es
dans la merde
jusqu'au cou,
ne baisse
surtout pas
la tête.

Le poêle à bois,
le chien aussi.

Ressortir
avec ses ex,
c'est un peu comme
remanger un plat
qu'on a déjà vomi.

Si deux sourds
se battent,
c'est probablement
à cause
d'un malentendu.

Les hommes
mentiraient moins
si les femmes posaient
moins de questions.

L'important
n'est pas de gagner,
mais de partir pisser.

Quand la connerie
est tombée du ciel,
peu de gens avaient
un parapluie.

Le serpent
a beau courir,
il ne va pas plus vite
que sa tête.

Un verre se brise
toujours au
dernier rebond.

Si j'étais né
avant mon père,
j'aurais pu
être le sien.

Aller en boîte
avec sa copine,
c'est comme aller
à la boulangerie
avec son pain.

Toute personne
qui a un père
casse-pieds,
n'a pas forcément
une mère
Caspienne.

Si ton pet
n'a pas de son,
attention
à tes caleçons.

Celui qui a été
mordu par un serpent
se méfie
d'une chenille.

Le sexe masculin
est la chose la plus
légère au monde :
une seule pensée
le soulève.

Le monde
a beau changer,
le chat ne pondra
jamais.

L'alcool tue,
mais n'oublions pas
combien de personnes
sont nées grâce à lui.

À chaque fois
que je vois
une autruche,
je m'émeus.

L'amour c'est comme
un jeu de cartes :
si tu n'as pas
de partenaire,
il vaut mieux avoir
une bonne main.

Mieux vaut
marcher tout seul
que d'être poursuivi
par tous.

Lever le coude
est la meilleure façon
de ne pas
baisser les bras.

Pourquoi
reporter à demain
ce qui peut être fait
par un autre.

Les mecs,
c'est comme les pâtes,
si tu les chauffes trop,
ça colle.

L'amour
c'est regarder
ensemble dans
la même direction,
comme
la levrette.

Un geek ne tombe
jamais malade,
il a un antivirus.

Si tu as envie
de travailler,
assieds-toi
et ça te passera.

Si les pets puent,
c'est pour
que les sourds
en profitent aussi.

Avant d'avoir
du pain sur la table,
on en a
sur la planche.

Le chameau
peut travailler
cinq jours sans boire,
l'homme peut
boire cinq jours
sans travailler.

Si haut qu'on monte, on finit toujours par des cendres.

Le café
c'est comme
les femmes,
au début ça excite,
après ça énerve.

Les avis
c'est comme
les trous du cul,
tout le monde
en a un !

Si quelqu'un
te jette une pierre,
jette-lui une fleur,
mais n'oublie pas
de lancer
le pot avec.

Il faut manger
comme un homme
en bonne santé
et boire comme
un malade.

Si aujourd'hui
tu n'achètes pas
Durex®,
demain tu achèteras
Pampers®.

Quand
la femme s'exprime,
l'homme déprime.

Il faut
se dépêcher de boire
avant d'être saoul.

Les conneries
c'est comme
les impôts,
tu finis toujours
par les payer.

Le Viagra
c'est comme
les marrons,
ça sert
à fourrer les
vieilles dindes.

Les hommes
sont comme
les pigeons,
tu les aides
à prendre
de la hauteur
et ils te chient
dessus.

La lampe torche,
le PQ aussi.

Pour manger
à la table des girafes,
il faut avoir
un long cou.

Il vaut mieux
être intelligent,
car on pourra toujours
jouer au con.
L'inverse
est impossible.

Pisse heureux,
pisse content,
mais pisse dedans.

Si tu te lèves
le matin avec
l'envie d'aller
au boulot,
recouche-toi,
ça va passer !

Si un âne
te donne
un coup de pied,
ne lui rends pas.

N'essayez pas
de noyer
vos problèmes
dans l'alcool,
ils savent nager.

Plus tu grimaces,
moins tu es moche.

On vit dans un monde
où la pizza arrive
plus vite que la police.

Pas besoin
d'un flash
quand
tu photographies
un lapin
qui a déjà
les yeux rouges.

La connerie
se cultive et certains
ont la main verte !

Tout le monde
fait des erreurs,
mais les
hommes mariés
s'en aperçoivent
plus vite.

Les femmes
c'est comme
les places de parking,
les meilleures
sont toujours prises.

Café bouillu,
café foutu.

Pour s'endormir,
un mouton
ne peut compter
que sur lui-même.

Se taire au boulot,
c'est respecter
le sommeil des autres.

Le Viagra c'est
comme Disneyland,
tu te tapes toujours
deux heures de queue
pour dix minutes
de plaisir.

Ne faites pas
l'amour dans le jardin,
l'amour est aveugle
mais pas les voisins.

Si tu vois
un oiseau blanc
sur un lac,
c'est peut-être
un signe.

Il faut laisser
tomber la tartine
avant de la beurrer.

Dites à quelqu'un
qu'il y a 300 milliards
d'étoiles dans le ciel
et il vous croira,
dites-lui
que la peinture
n'est pas sèche
et il aura besoin
de toucher
pour y croire.

Le plus dur,
c'est la diarrhée.

Un homme riche,
c'est un homme
qui gagne plus
que sa femme
dépense.

Pas de couilles,
pas d'embrouilles.

Ce n'est pas
en jetant ses lunettes
qu'on y verra mieux.

L'échec,
c'est la réussite
du con.

Un homme
c'est comme le Wifi,
plusieurs utilisatrices
peuvent s'y connecter
en même temps
s'il n'est pas sécurisé !

Si tu téléphones
à une voyante
et qu'elle ne
décroche pas
avant que ça sonne,
raccroche.

Le meilleur moyen
de prendre son train,
c'est de rater
le précédent.

L'amour
c'est comme
une photo,
ça se développe
dans le noir.

Une femme c'est
comme le Bluetooth :
si tu es à côté,
elle reste connectée,
si tu t'éloignes,
elle va chercher
d'autres périphériques.

Les imbéciles
grandissent sans
qu'on les arrose.

Un alcoolique
qui demande
un glaçon, c'est un pas
vers la guérison !

La poule qui chante
le plus fort
n'est pas celle
qui pond le mieux.

Le Viagra
c'est comme l'enfer,
Satan l'habite.

La vraie paresse,
c'est de se lever
à 6 heures du matin
pour avoir plus
longtemps
à ne rien faire.

Les femmes
c'est comme
les tornades,
ça arrive chaud
et humide,
et ça repart
avec la toiture
et les meubles.

Les hommes
sont comme
le mascara,
ils disparaissent
au moindre
signe d'émotion.

Certains hommes
aiment tellement
leur femme
que pour
ne pas l'user,
ils se servent
de celles des autres.

Le soleil nuit
pour tout le monde.

Quand
le philosophe répond,
on ne comprend plus
ce qu'on lui avait
demandé.

Si ça fait un an
que tu ne parles plus
à ta femme,
c'est que tu n'as
jamais voulu
l'interrompre.

Si les femmes
ont des petits pieds,
c'est pour être
plus près de l'évier.

Un égoïste,
c'est quelqu'un
qui ne pense
pas à moi.

La maison
d'un geek
ne peut pas brûler,
elle a un pare-feu.

De tous ceux
qui n'ont rien à dire,
les plus agréables
sont ceux
qui se taisent.

L'alcool ne résout pas
les problèmes ;
ceci dit, l'eau
et le lait non plus !

Si ça continue,
va falloir
que ça cesse.

Les blagues
les plus courtes
sont souvent
les moins longues.

La politique,
c'est cinq ans
de droit,
tout le reste
de travers.

Un lèche-cul
ne doit pas
s'étonner que
la merde
lui retombe
sur la gueule.

Si tu perds la tête,
oublie tout.

Les hommes
c'est comme la neige,
on ne sait pas combien
de centimètres
on va avoir
ni combien de temps
ça va tenir.

Un bon mari
ne se souvient pas
de la date
de naissance
de sa femme,
mais de
son anniversaire.

Si tu vois
midi à 14 heures,
ta montre retarde.

La meilleure
manière de prendre
les choses
du bon côté,
c'est d'attendre
qu'elles
se retournent.

L'alcool nuit…
buvons le jour !

La critique
est la puissance
des impuissants.

Quand tu commences
à voir les vaches
comme des vaches,
il est temps d'ouvrir
ton parachute.

Le meilleur secret
pour ne jamais tomber,
c'est de rester
toujours assis.

Faites l'amour,
pas la guerre,
ou alors
faites les deux :
mariez-vous.

La solitude
est un plat
qui se
mange seul.

Les femmes
c'est comme
les Big Mac,
c'est jamais
comme sur
la photo.

Le policier
de proximité peut tirer
à bout portant.

On boira du lait
quand les vaches
mangeront du raisin.

Si l'on peut trouver
moins que rien,
c'est que rien vaut
déjà quelque chose.

Mentir c'est comme
cracher en l'air,
ça nous retombe
toujours dessus.

Ça m'en touche
une sans faire
bouger l'autre.

Tout le monde
veut sauver la planète,
mais personne
ne veut descendre
les poubelles.

Un bon os
ne tombe jamais
dans la gueule
d'un bon chien.

Rien ne sert
de courir si tu es
dans la mauvaise
direction.

Un seul trou
suffit pour faire
une passoire.

Si tu as le cul
entre deux chaises,
achète un canapé.

Quand la fourmi
est sur le sol,
tu l'écrases,
quand elle est
sur ton bras,
tu la pousses.

L'homme viril,
c'est celui
qui a le courage
de tenir le sac
de sa femme
en public sans
en avoir honte.

L'éléphant
ne peut courir
et se gratter les fesses
en même temps.

Ne jamais réveiller
le chat qui dort, il vous
demandera à bouffer.

Avec des « si »,
on coupe du bois.

Les femmes
ont besoin d'une raison
pour faire l'amour,
les hommes ont juste
besoin d'un endroit.

Les femmes
sont nées
sans testicules
car Dieu savait
qu'elles auraient
des couilles.

Ce qui importe,
ce n'est pas
la longueur
de la baguette,
mais son
pouvoir magique.

À force
de te planter,
tu vas finir
par pousser.

Dans la vie,
deux mots
t'ouvriront
beaucoup
de portes :
« Poussez »
et « Tirez ».

Il est plus facile
de boire un café
que de manger
un restaurant.

Quand il y a
trop de poils,
je ne vois
pubiens.

Pet sournois,
pet de putois.

L'homme
pense au sexe
toutes les
vingt secondes,
les dix-neuf autres,
il ne pense pas.

Pet contenu,
obus au cul.

Une fille
de perdue,
c'est dix doigts
de retrouvés.

Le mariage
est la seule cause
du divorce.

Comme la tartine,
l'ivrogne
tombe toujours
du côté beurré.

Qui pète et rote,
bien se porte.

Si tu vois
un dinosaure
dans la rue,
arrête de boire ;
si tu n'as pas bu,
cours !

Tous les livres
se ressemblent,
il n'y a que
le contenu
qui change.

La femme pleure
avant le mariage,
l'homme après.

Mieux vaut
avoir les pieds
plats que
les pieds
dans le plat.

L'alcool
est interdit
au volant,
mais pas au
conducteur.

Quel que soit le trône,
on est toujours
assis sur son cul.

Le comble
de la confiance
en soi
chez une fille,
c'est de mettre
un pantalon blanc
lorsqu'elle
a ses règles.

Qui « persévère »
n'aura plus mal
au ventre.

Si les chiens
chiaient des haches,
ils se fendraient
le cul.

Attention, les murs
ont des orteils.

Si les cons avaient
des clochettes,
on ne s'entendrait
plus !

Femme à lunette,
femme à disquette.

S'endormir en voiture,
c'est très dangereux ;
s'endormir en vélo,
c'est très rare ;
s'endormir à pied,
c'est très con.

Plus la femme
est légère,
plus les dépenses
sont lourdes.

Le silence
est le plus beau bijou
d'une femme,
mais elle le porte
rarement.

L'abus ne fait
pas le moine.

L'homme est le seul animal à pouvoir être plumé plusieurs fois.

Si l'avocat n'est pas cru, l'accusé est cuit.

Les hommes
ont toujours raison,
mais les femmes
n'ont jamais tort.

Il vaut mieux
avoir un gros nez
que deux petits.

Il ne faut jamais
jouer à saute-mouton
avec une licorne.

Chiens qui s'enc*****,
bientôt la canicule !

Pour trouver
une perle
dans l'océan,
il faut
d'abord croiser
des thons.

Nuages tout noirs,
journée au comptoir !

À côté
d'un verre vide
il y a toujours
un mec plein.

Quand
les mouettes ont pied,
il est temps de virer.

Les femmes
ont un don
pour l'écriture,
elles remplissent
très bien
les chèques.

Tempête en décembre,
t'en chies en janvier.

Il ne faut boire
de la bière
qu'à deux occasions :
quand on a soif
et quand
on n'a pas soif.

Plus tu brasses
la merde, plus elle pue.

Le piment,
c'est comme
l'autoroute,
on paie
à la sortie.

N'insulte jamais
un crocodile
avant d'avoir
traversé la rivière.

Je n'ai jamais
assisté à des courses
de spermatozoïdes
mais j'ai donné
beaucoup de départs.

L'abbaye ne fait
pas le moine.

Les hommes
c'est comme
les huîtres,
les perles
se font rares.

Donnez un livre
à une chèvre,
elle en fera
un gros caca.

L'eau est
tellement corrosive
qu'une seule goutte
suffit pour
troubler le pastis.

À tirer la queue
d'un âne, il vous pète
à la gueule.

Un cunnilingus,
c'est comme un lapsus,
une faute de langue
et vous êtes vite
dans la merde.

Pet trop long,
attention.

Qui veut faire
rire une blonde
le dimanche
doit lui raconter
une blague
le vendredi.

Le putois
ne sent pas l'odeur
de ses aisselles.

Les mecs,
c'est comme
les casseroles,
faut les prendre
par la queue.

Ce n'est pas
après avoir pété
qu'il faut serrer
les fesses.

Les femmes
c'est comme
les dauphins,
il paraît que
c'est intelligent
mais ça
n'a jamais
été prouvé.

Si en te baignant,
tu as échappé
au crocodile,
prends garde
au léopard sur
la berge.

La nuit tous
les chats sont gris,
sauf ceux qui sont
d'une autre couleur.

Tourne-toi vers
le soleil, et l'ombre
sera derrière toi.

Le sexe,
c'est comme
le Bâton de Berger®,
y'a pas d'heure
pour en manger.

Avec le temps,
les gens changent,
certains mûrissent
et d'autres
pourrissent !

La culture
c'est comme un saut
en parachute :
quand t'en as pas,
tu t'écrases.

Si les cons
étaient des lumières,
c'est la Terre
qui éclairerait
le soleil.

Trop boire
pendant un tête-à-tête
risque fort de finir
en tête-à-queue.

Certains se réveillent
avec l'envie de changer
le monde, d'autres
avec l'envie de pisser.

Un homme
c'est comme
une robe rouge,
ça ne va pas
avec n'importe
quelle femme.

Mieux vaut perdre 4-1 que de gagner une catin.

Le con ne perd
jamais son temps,
il perd celui
des autres.

La diarrhée
ne rate pas le cul.

Les mecs c'est comme
les branches d'arbres,
quand tu t'accroches,
ça lâche.

Mouette qui pète,
gare à la tempête.

Quand la blonde
a une idée
derrière la tête,
elle se retourne.

Bière qui saoule
amasse les foules.

Si parfois tu te sens nul, petit, démoralisé et bon à rien, n'oublie jamais que tu as été le spermatozoïde le plus rapide de la bande.

Mieux vaut
se réveiller avec
une gueule de bois
qu'une tête
de con.

Les hommes,
c'est comme
les curés : c'est avec
leur goupillon qu'ils
vous bénissent.

L'amour, c'est comme les vitres électriques, quand on n'en a pas, on le fait à la main.

Si tu crains la gueule
de bois, reste bourré.

Le silence,
c'est le plus beau bijou
d'une femme,
mais elle
le porte rarement.

Si un homme ouvre
la portière de sa
voiture à sa femme,
c'est que l'une
des deux est neuve.

Si un animal vous dit
qu'il peut parler,
il ment probablement.

La vie de couple,
ça sert à résoudre
à deux des problèmes
que t'aurais jamais
eus si t'étais
resté tout seul.

On a beau dissimuler
ses excréments
au fond de l'eau,
ils remontent
toujours à la surface.

Les tôles ondulées,
les vaches aussi.

Un banquier te prête
un parapluie par beau
temps et te le reprend
lorsqu'il commence
à pleuvoir.

Mieux vaut
arriver en retard
dans ce monde
qu'en avance
dans l'autre.

Qui fait caca sur
son chemin, marche
dedans quand
il revient.

La meilleure manière
de prendre les choses
du bon côté,
c'est d'attendre
qu'elles se retournent.

C'est pas parce que
tu racontes une blague
à tes vêtements
qu'ils seront pliés.

Si tu ne connais pas d'avocat qui connaît la loi, prends l'avocat qui connaît le juge.

Le suppositoire
est une invention
qui restera
dans les annales.

Il ne faut jamais
cueillir les cerises
avec la queue,
c'est déjà assez dur
avec les mains !

Un mec c'est comme un autobus, il y en aura toujours un autre.

Les hommes sont
comme les ordinateurs,
durs à comprendre
et constamment
sans mémoire.

Si vous voulez
que votre femme
écoute ce que vous
dites, dites-le à une
autre femme.

Ce n'est pas
à la taille du pinceau
qu'on mesure
le travail de l'artiste.

Les faiblesses
des hommes font
la force des femmes.

Une pendule cassée
donne la bonne heure
deux fois par jour.

La moitié des hommes politiques sont des bons à rien, les autres sont prêts à tout.

La forme des pyramides le prouve, l'homme a toujours tendance à en faire de moins en moins.

La chenille devient papillon, le cochon devient saucisson.

Si le poulet marche sur l'eau, c'est que la flaque n'est pas profonde.

Quand les carottes
sont cuites,
c'est la fin des
haricots.

La Terre est ronde, mais il y a des cons dans tous les coins.

Si un trou du cul t'offre du chocolat, méfie-toi.

Ce n'est pas
en tirant sur l'herbe
qu'on la fera pousser.

Une chèvre diplomate
n'est pas
un bouc émissaire.

Ce n'est pas
parce qu'ils sont
nombreux à avoir tort
qu'ils ont raison.

Mieux vaut une allumette intelligente qu'un sot briquet.

La main droite,
c'est celle où tu as
le pouce à gauche.

Un bienfait vaut mieux
qu'un mal foutu.

La cerise sur le gâteau
passe inaperçue
lorsqu'elle est posée
sur un gâteau
aux cerises.

Si t'as la diarrhée,
évite de tousser.

Plus la photo
est vieille,
plus on a
l'air jeune.

Pour savoir que
le verre était de trop,
il fallait le boire.

L'amour rend aveugle,
le mariage rend la vue.

C'est l'arbre
qui cache l'enfoiré.

Donner de l'amitié
à ceux qui veulent
de l'amour,
c'est comme
donner du pain
à ceux qui ont soif.

Mieux vaut être saoul
que mal accompagné.

L'esprit c'est
comme un parachute.
Il n'est utile
que s'il est ouvert.

Si l'amour est aveugle,
il faut palper.

Le hippie n'urine pas,
il peace.

L'oignon fait
la farce.

L'enfance c'est
comme être bourré,
tout le monde
se souvient de ce que
tu as fait, sauf toi.

Ce n'est pas tombé
dans l'oreille
d'un saoul.

Les gosses
c'est comme les pets,
on ne supporte
que les siens.

Si le crocodile
a un pantalon,
c'est qu'il a enfin
trouvé où ranger
sa queue.

Ne perds pas espoir,
même le plus
majestueux des chênes
n'était autrefois
qu'un pauvre gland.

L'alcool fait vivre
des moments
inoubliables
dont on ne
se souvient plus.

À force de trop prendre
les gens pour des
pigeons, ils finissent
par nous chier dessus.

Le célibat
c'est l'ennui,
le mariage
c'est les ennuis.

Il faut apprendre
à refuser l'échec,
et à n'accepter
que le liquide.

Le mariage, c'est
une condamnation
de drap commun.

Les hommes
ont deux cerveaux,
le petit et le gland.

Quand un homme
offre des fleurs
à sa femme
sans raison,
c'est qu'il y a
une raison.

Le string
est le symbole
de la démocratie,
il sépare la gauche
de la droite.

Les femmes
entretenues ne sont
pas forcément
les mieux conservées.

La première chose
à faire pour jouer
du piano, c'est de
soulever le couvercle.

Si le profil du candidat
ne convient pas,
mets-le de face.

À trop donner
d'importance à un âne,
il se prendra
pour un cheval.

Si tu travailles
avec un
marteau-piqueur
pendant un
tremblement
de terre,
tu peux poser
une journée.

La vie c'est comme
une clémentine,
on ne peut pas l'ouvrir
sans s'en prendre
plein la gueule.

Un morceau de carotte
aura toujours tort
devant un rongeur.

Celui qui marche
la tête haute
marchera tôt ou tard
dans la merde.

Même le poisson
qui vit dans l'eau
a toujours soif.

Il faut manger épicé,
mais pas
en même temps.

Ne tonds pas
deux moutons
en même temps,
le deuxième
pourrait te mordre.

Pas besoin
d'être une lumière
pour voir
qu'il fait noir.

Si tu ne réussis
jamais rien
du premier coup,
n'essaie pas
le saut en parachute.

Au royaume
des borgnes,
les cyclopes
sont aveugles.

Tous les chemins
mènent au rhum.

Qui mange un chien,
chie ouah ouah.

Si le merle chante
en mai, avril est fini.

C'est en ayant
souvent l'air con
que l'on peut paraître
intelligent
par moments.

Un con qui marche
va plus loin qu'un
intellectuel assis.

« Mes proverbes
à la con »

- ....
....
- ....
....
- ....
....
- ....
....
- ....
....

- ....
  ....

- ....
  ....

- ....
  ....

- ....
  ....

- ....
  ....

- ....
  ....

- ....
  ....
- ....
  ....
- ....
  ....
- ....
  ....
- ....
  ....
- ....
  ....

- ....
  ....
- ....
  ....
- ....
  ....
- ....
  ....
- ....
  ....
- ....
  ....

- ....

....

- ....

....

- ....

....

- ....

....

- ....

....

- ....

....

- ....
  ....
- ....
  ....
- ....
  ....
- ....
  ....
- ....
  ....
- ....
  ....

- ....
  ....
- ....
  ....
- ....
  ....
- ....
  ....
- ....
  ....
- ....
  ....

- ....
  ....
- ....
  ....
- ....
  ....
- ....
  ....
- ....
  ....
- ....
  ....